한글왕학교

나도 읽기왕

예비편

언어학 박사가 추천한 단계별 읽기 개선 프로그램

　글자를 처음 배우거나 읽는 데 어려움을 겪는 아이들은 머릿속에서 생각하는 의미와 눈으로 보는 글자가 잘 연결되지 않는 경우가 많습니다.

　『한글왕 학교』는 자음과 모음의 결합을 통해 소리글자인 한글을 체계적으로 익힐 수 있도록 도와줍니다. 또한, 동시를 소리 내어 읽고 동요를 즐겁게 부르면서 글자를 의미와 연결하는 능력을 기를 수 있습니다.

　이 책을 꾸준히 활용하면 아이들이 단어와 문장을 자연스럽게 접하며 놀면서 배울 수 있는 학습 효과를 기대할 수 있습니다. 특히, 아이들 수준에 맞는 어휘와 문장은 언어 발달을 돕고, 우리말을 올바르게 사용할 수 있도록 이끌어줄 것입니다.

감수 **이 숙**

　나는 초등학교 4학년 때까지 말을 제대로 못해서 말더듬이라고 불렸습니다. 국어 시간에 한 번도 제대로 읽은 적이 없었습니다. 책에 나오는 문장을 눈으로 다 읽고 무슨 뜻인지 알았지만, 다른 사람이 물어보면 입에서 말이 떨어지지 않았습니다. 한 반에 그런 어린이들이 두어 명씩 있어서, 선생님이 그런 어린이들을 따로 모아서 방과 후에 소리 내어 책 읽는 연습을 해주신 기억이 납니다.

　이 책은 나와 같은 아이들이 재미있는 글을 통해 한글을 배우면서 자신감을 가질 수 있도록 구성되었습니다. 소리 내어 읽기와 노래 부르기를 통해 소리의 변화 과정을 자연스럽게 익히고, 이야기를 통해 글자의 의미를 이해하는 능력을 키우도록 만들었습니다. 본문은 아이들의 교육과정에 맞춰져 있으며, 연습 과정은 학부모나 교사가 함께 역할 놀이로 참여할 수 있도록 구성되어 있어 즐겁게 배울 수 있습니다.

　옛날 서당에서는 어려운 『천자문』을 큰 소리로 따라 읽으며 읽기 연습을 했는데, 요즘 아이들은 재미있는 동요로 읽기 연습을 할 수 있으니 부럽습니다.

감수 **허경진**

동요 15곡으로 완성하는 한글 기초학습!

　한글 학습은 글자를 익히는 것부터 시작합니다. 처음 배울 때 글자를 제대로 익히지 못하면, 읽기와 쓰기에 어려움을 겪게 됩니다. 한글은 소리글자이기에 자음과 모음이 어떻게 결합하여 소리를 만들어내는지를 정확히 이해하는 것이 매우 중요합니다. 그뿐만 아니라, 한글의 기초가 흔들리면 더 복잡한 문장을 이해하는 데에도 큰 어려움을 느끼게 됩니다. 이 첫걸음을 올바르게 시작해야 아이들이 자신감을 가지고 한글을 배워나갈 수 있습니다.

　『한글왕 학교』는 글자를 처음 배우는 아이들이 자연스럽게 한글의 원리를 익히고, 학습 과정에서 즐거움을 느낄 수 있도록 구성되었습니다.

　1) 자음과 모음을 익힌 후, 각 음운에 맞는 단어를 실생활에서 사용하는 문장으로 자연스럽게 배울 수 있습니다. 또한, 각 자음과 모음에 해당하는 기초 단어를 리듬감 있는 동요로 만들어, 아이들이 텍스트를 쉽게 외우며 글의 의미도 잘 이해할 수 있습니다. 노래를 부르면서 글자의 소리와 의미를 동시에 익히게 되는 이 과정은, 아이들이 글자에 대한 부담을 덜고 자연스럽게 한글에 자신감을 갖도록 돕습니다.

　2) 동요를 아이들이 친근하게 느낄 수 있는 캐릭터가 등장하는 영상으로 만들어, 아이들이 자연스럽게 동요의 내용을 익히면서 놀이처럼 즐겁게 학습할 수 있도록 구성했습니다.

3) 책의 내용은 누리과정과 초등학교 교육과정을 연계하여 구성되었습니다. 언어 발달 단계에 맞춰 아이들이 쉽게 익힐 수 있도록 본문의 단어를 신중하게 선별하였습니다. 또한, 음성 상징어와 문장의 반복을 사용하여 읽기 부담을 줄였습니다.

4) 『나도 읽기왕』 시리즈는 고유한 '읽기 개선법'이 포함되어 있어, 체계적인 훈련을 통해 단계별로 읽기 능력을 향상시켜주는 교재입니다. 『한글왕 학교』는 『나도 읽기왕』 시리즈의 1단계 예비편으로, 글자를 익히고 문장으로 활용하는 아이들을 대상으로 하고 있습니다. 기초편과 기본·유창편은 읽기 훈련을 통해 읽기 유창성과 내용 이해를 도와주도록 구성되었습니다. 3단계의 『나도 읽기왕』 시리즈를 통해 누구나 읽기왕이 될 수 있습니다.

세상에 못 읽을 아이는 없습니다!

『한글왕 학교』가 아이들의 글자 학습과 읽기에 자신감을 심어주는 쉽고 유익한 책이 되길 기대합니다. 또한, 선생님과 부모님에게 좋은 가이드가 되었으면 좋겠습니다.

읽기 지도법

| 읽기의 과정 |

1) 글자 인식   2) 소릿값 인식   3) 내용 이해

| 교재 활용 방법 |

활용 방법대로 지도하면 읽기 능력이 크게 향상되지만, 교재에 나온 동시를 읽고 동요를 즐겁게 부르는 것만으로도 한글 학습에 큰 효과를 볼 수 있습니다.

1. 음운과 음절을 익힌다.

각 자음 'ㄱ~ㅎ'과 모음 'ㅏ, ㅓ, ㅗ, ㅜ, ㅡ, ㅣ'의 결합을 통한 글자의 모양과 소리를 배운다.

예) 자음 'ㄱ' + 모음 'ㅏ' → 음절 '가'

2. 각 음절에 해당하는 기초 단어를 익힌다.

예) 음절 '가' → 단어 '가방'

3. 단어를 활용할 수 있는 완성형 문장을 익힌다.

 단어 '가방' → 문장 '형이 가방을 메요.'

4. 그림과 단어 잇기, 단어 퍼즐 활동을 통해 배운 단어를 확인한다.

5. 기초 단어가 포함된 동시를 읽는다.

'읽기 개선법'의 순서에 따라 학습한다.

1. 선생님이 동시를 자연스럽게 읽어준다.

2. 선생님이 읽어준 내용에 대해 아동에게 간단한 질문을 한다.

3. 선생님이 '읽기 방법'에 따라 한 줄 읽으면, 아동이 따라 읽는다.
   (전체 동시를 5회 이상 반복)

횟수	1회	2회	3회	4회	5회
확인	♥	♥	♥	♥	♥

※ 읽기 가이드 영상 제공

읽기 가이드

4. 동요를 듣고 따라 부르며 노래를 익힌다.

　※ 동요 영상 제공

동요

5. 다시 한번 '읽기 방법'에 맞게 따라 읽는다.

6. 다양한 질문과 활동을 통해 내용을 이해한다.

6. 동시에 나온 단어를 다시 따라 쓰면서 단어를 완전히 익힌다.

| 읽는 방법 |

　읽기가 힘들거나 익숙하지 않은 아동들은 뒤에 올 음절이나 단어를 읽기 위한 준비 시간이 많이 필요합니다. 끝음절을 길게 발음하는 것만으로도 읽기와 자신감이 많이 향상됩니다.

1. '읽기 방법'에 따라 읽는다.('읽기 가이드' 참조)

　* 읽기 방법 : 애드밸 '읽기 표기법'에 맞추어 읽는다.

　　＿ 끝음을 길게 늘이기　　↗ 끝음을 길게 늘이면서 올리기

2. 소리 내어 읽는다.

소리내어 읽어야 '시각-청각-의미 이해'의 과정이 원활해진다. 낭독은 글 읽기의 기초 단계에서 매우 효과적인 읽기 방법이다.

3. 의미 단위로 끊어 읽는다.

문장을 의미 단위로 리듬감 있게 읽고 내용을 이해하는 것이 중요하다.

* 과도하게 끊어 읽으면 내용 이해를 방해할 수 있으므로, 읽기 능력에 따라 의미 단위를 조정해야 한다.

4. 지속적으로 반복하여 읽는다.

한글을 처음 배우거나 글 읽기를 어려워하는 아이들은 읽는 소리를 자주 접해야 한다. 〈예비편〉의 내용을 반복하여 읽어주는 것이 중요하다. 꾸준히 연습하면 누구나 잘 읽을 수 있다.

| 캐릭터 소개 |

강마루 : 장난을 많이 치지만, 창의적이고 긍정적인 어린이

라　온 : 약간 소심하지만, 칭찬받기를 좋아하고 무엇이든 열심히 하는 어린이

아라토 : 아이들을 사랑하면서 마음을 다해 가르치려는 선생님

목차

감수	2
머리말	4
읽기 지도법	6

[모음편]

단모음 - 동요 〈아기 오리〉	14
이중모음 - 동요 〈여우 요리사〉	22

[자음편]

ㄱ - 동요 〈가방 속 거미〉	32
ㄴ - 동요 〈아기 너구리〉	40
ㄷ - 동요 〈디딤돌 음악회〉	48
ㄹ - 동요 〈어제 한 일〉	56
ㅁ - 동요 〈오므라이스〉	64

떠든사람
강마루

ㅂ – 동요 <보물 찾기>	72
ㅅ – 동요 <봄 여름 가을 겨울>	80
*ㅇ – 단모음편 참조 <아기 오리>	
ㅈ – 동요 <생활습관 퀴즈송>	88
ㅊ – 동요 <요정의 왈츠>	96
ㅋ – 동요 <소리로 가득한 세상>	104
ㅌ – 동요 <꼬마 야구왕>	112
ㅍ – 동요 <퍼즐 조각>	120
ㅎ – 동요 <호랑이와 히말라야>	128

[부록]

가갸송(자음+이중모음)   144

[정답지]   150

단모음 – 동요 <아기 오리>

 이중모음 – 동요 <여우 요리사>

단모음 글자 - 아 어 오 우 으 이

아　　아기

다음의 단어를 따라 써보세요.

아기	아기가 잠을 자요.
아기	아기　　아기
아기	아기　　아기

어　　어항

다음의 단어를 따라 써보세요.

어항	어항이 반짝반짝 빛나요.
어항	어항　　어항
어항	어항　　어항

오 오리

다음의 단어를 따라 써보세요.

오리	오리가 뒤뚱뒤뚱 걸어요.
오리	오리	오리
오리	오리	오리

우 우산

다음의 단어를 따라 써보세요.

우산	우산에 비가 떨어져요.
우산	우산	우산
우산	우산	우산

으   으뜸

다음의 단어를 따라 써보세요.

으뜸	나는 그림 솜씨가 으뜸이에요.
으뜸	으뜸	으뜸
으뜸	으뜸	으뜸

이   이불

다음의 단어를 따라 써보세요.

이불	이불이 포근해요.
이불	이불	이불
이불	이불	이불

그림에 맞는 단어를 찾아 이어 보세요.

   어항

   이불

   오리

   으뜸

   아기

   우산

[가로세로 단어 퍼즐]

다음의 단어를 찾아 동그라미 하세요.

아기   어항   오리   우산   으뜸   이불

마	효	푼	이	불
우	산	아	느	어
커	햐	기	파	항
차	오	루	배	니
가	리	서	으	뜸

동시를 듣고, 따라 읽어보세요.

영상으로 보는 동요

아기 오리

아기 오리 어딨니?
어항 뒤에 숨었니?
아기 오리 어딨니?
우산 아래 숨었니?
아기 오리 어딨니?
이불 안에 숨었니?
아기 오리 어딨니?
숨바꼭질 으뜸왕

[읽기 가이드]

_ 길게 늘이기
↗ 길게 늘이면서 올리기

아기 오리

아기 오리_ 어딨니?↗
어항 뒤에_ 숨었니?↗
아기 오리_ 어딨니?↗
우산 아래_ 숨었니?↗
아기 오리_ 어딨니?↗
이불 안에_ 숨었니?↗
아기 오리_ 어딨니?↗
숨바꼭질_ 으뜸왕↗

 [5회 읽기] 내용을 읽고, 읽은 횟수에 색칠하세요.

횟수	1회	2회	3회	4회	5회
확인	♡	♡	♡	♡	♡

동시를 따라 써보세요.

☐☐ ☐☐

☐☐ ☐☐ 어딨니?

☐☐ 뒤에 숨었니?

☐☐ ☐☐ 어딨니?

☐☐ 아래 숨었니?

☐☐ ☐☐ 어딨니?

☐☐ 안에 숨었니?

☐☐ ☐☐ 어딨니?

숨바꼭질 ☐☐ 왕

이중모음 글자 - 야 여 요 유

야   야채

다음의 단어를 따라 써보세요.

야채	야채는 몸에 좋아요.
야채	야채	야채
야채	야채	야채

여   여우

다음의 단어를 따라 써보세요.

여우	여우가 꼬리를 흔들어요.
여우	여우	여우
여우	여우	여우

요 요리사

다음의 단어를 따라 써보세요.

요리사	요리사가 김밥을 말아요.
요리사	요리사	요리사
요리사	요리사	요리사

유 유치원

다음의 단어를 따라 써보세요.

유치원	나는 유치원이 좋아요.
유치원	유치원	유치원
유치원	유치원	유치원

앞에서 배운 모음을 따라 써보세요.

아	아	아	아	아
어	어	어	어	어
오	오	오	오	오
우	우	우	우	우
으	으	으	으	으
이	이	이	이	이
야	야	야	야	야
여	여	여	여	여
요	요	요	요	요
유	유	유	유	유

그림에 맞는 단어를 찾아 이어 보세요.

유치원

야채

여우

요리사

[가로세로 단어 퍼즐]

다음의 단어를 찾아 동그라미 하세요.

| 야채 | 여우 | 요리사 | 유치원 |

야	채	벌	아	모
코	가	조	유	갈
여	추	허	치	호
우	숭	카	원	나
보	요	리	사	다

동시를 듣고, 따라 읽어보세요.

영상으로 보는 동요

여우 요리사

나는 요리사
여우 요리사
야채를 맛있게 요리해요

나는 요리사
여우 요리사
유치원 간식을 만들어요

[읽기 가이드]

읽기 가이드

> _ 길게 늘이기
> ↗ 길게 늘이면서 올리기

여우 요리사

나는_ 요리사 ↗

여우 요리사 ↗

야채를_ 맛있게_ 요리해요 ↗

나는_ 요리사 ↗

여우 요리사 ↗

유치원_ 간식을_ 만들어요 ↗

 [5회 읽기] 내용을 읽고, 읽은 횟수에 색칠하세요.

횟수	1회	2회	3회	4회	5회
확인	♡	♡	♡	♡	♡

동시를 따라 써보세요.

☐☐ ☐☐☐

나는 ☐☐☐
☐☐ ☐☐☐
☐☐ 를 맛있게 요리해요

나는 ☐☐☐
☐☐ ☐☐☐
☐☐☐ 간식을 만들어요

[자음편]

 ㄱ - 동요 <가방 속 거미>

 ㄴ - 동요 <아기 너구리>

 ㄷ - 동요 <디딤돌 음악회>

 ㄹ - 동요 <어제 한 일>

 ㅁ - 동요 <오므라이스>

 ㅂ - 동요 <보물 찾기>

 ㅅ - 동요 <봄 여름 가을 겨울>

 ㅇ - 모음편 참조 <아기 오리>

 ㅈ - 동요 <생활습관 퀴즈송>

 ㅊ - 동요 <요정의 왈츠>

 ㅋ - 동요 <소리로 가득한 세상>

 ㅌ - 동요 <꼬마 야구왕>

 ㅍ - 동요 <퍼즐 조각>

 ㅎ - 동요 <호랑이와 히말라야>

자음 'ㄱ' 글자 - 가 거 고 구 그 기

가　　가방

다음의 단어를 따라 써보세요.

가방	형이 가방을 메요.

가방	가방	가방
가방	가방	가방

거　　거미

다음의 단어를 따라 써보세요.

거미	거미가 줄을 쳐요.

거미	거미	거미
거미	거미	거미

고 고양이

다음의 단어를 따라 써보세요.

고양이	고양이가 지붕에 올라가요.
고양이	고양이	고양이
고양이	고양이	고양이

구 구멍

다음의 단어를 따라 써보세요.

구멍	양말에 구멍이 생겼어요.
구멍	구멍	구멍
구멍	구멍	구멍

그 그네

다음의 단어를 따라 써보세요.

그네	동생이 그네를 타요.
그네	그네	그네
그네	그네	그네

기 기타

다음의 단어를 따라 써보세요.

기타	아빠가 기타를 쳐요.
기타	기타	기타
기타	기타	기타

그림에 맞는 단어를 찾아 이어 보세요.

   그네

   가방

   기타

   구멍

   고양이

   거미

[가로세로 단어 퍼즐]

다음의 단어를 찾아 동그라미 하세요.

가방   거미   고양이   구멍   그네   기타

가	방	서	꾸	그
모	하	줄	고	네
구	거	미	양	포
멍	요	랑	이	카
기	타	후	더	시

동시를 듣고, 따라 읽어보세요.

영상으로 보는 동요

가방 속 거미

고양이에 놀란 거미
가방 속 구멍으로 쏙쏙
고양이에 놀란 거미
가방 속 구멍으로 쏙쏙

랄랄라 거미줄 그네를 타고
랄랄라 거미줄 기타를 쳐요
랄랄라 거미줄 그네를 타고
거미줄 기타를 쳐요

[읽기 가이드]

_ 길게 늘이기
↗ 길게 늘이면서 올리기

가방 속 거미

고양이에_ 놀란_ 거미↗

가방 속_ 구멍으로_ 쏙쏙↗

고양이에_ 놀란_ 거미↗

가방 속_ 구멍으로_ 쏙쏙↗

랄랄라_ 거미줄_ 그네를_ 타고↗

랄랄라_ 거미줄_ 기타를_ 쳐요↗

랄랄라_ 거미줄_ 그네를_ 타고↗

거미줄_ 기타를_ 쳐요↗

 [5회 읽기] 내용을 읽고, 읽은 횟수에 색칠하세요.

횟수	1회	2회	3회	4회	5회
확인	♡	♡	♡	♡	♡

동시를 따라 써보세요.

☐☐ 속 ☐☐

☐☐☐ 에 놀란 ☐☐

☐☐ 속 ☐☐ 으로 쏙쏙

☐☐☐ 에 놀란 ☐☐

☐☐ 속 ☐☐ 으로 쏙쏙

랄랄라 ☐☐ 줄 ☐☐ 를 타고

랄랄라 ☐☐ 줄 ☐☐ 를 쳐요

랄랄라 ☐☐ 줄 ☐☐ 를 타고

☐☐ 줄 ☐☐ 를 쳐요

자음 'ㄴ' 글자 - 나 너 노 누 느 니

나　나무

다음의 단어를 따라 써보세요.

나무	나무에 꽃이 폈어요.
나무	나무	나무
나무	나무	나무

너　너구리

다음의 단어를 따라 써보세요.

너구리	너구리가 사과를 먹어요.
너구리	너구리	너구리
너구리	너구리	너구리

노   노을

다음의 단어를 따라 써보세요.

노을	노을이 빨갛게 물들었어요.
노을	노을	노을
노을	노을	노을

누   누나

다음의 단어를 따라 써보세요.

누나	누나가 학교에 가요.
누나	누나	누나
누나	누나	누나

느

느티나무

다음의 단어를 따라 써보세요.

느티나무	느티나무는 키가 커요.
느티나무	느티나무	느티나무
느티나무	느티나무	느티나무

니

니트

다음의 단어를 따라 써보세요.

니트	니트 목도리가 따뜻해요.
니트	니트	니트
니트	니트	니트

그림에 맞는 단어를 찾아 이어 보세요.

[가로세로 단어 퍼즐]

다음의 단어를 찾아 동그라미 하세요.

나무　　너구리　　노을　　누나　　느티나무　　니트

부	후	붓	홍	누
너	구	리	느	나
나	무	태	티	범
니	노	을	나	송
트	준	배	무	란

동시를 듣고, 따라 읽어보세요.

영상으로 보는 동요

아기 너구리

추운 겨울날
나무 아래 아기 너구리
우리 누나가
둘러 준 니트 목도리
빨간 노을처럼
마음이 번져 가네
느티나무 아래 아기 너구리

[읽기 가이드]

_ 길게 늘이기
↗ 길게 늘이면서 올리기

아기 너구리

추운_ 겨울날↗

나무 아래_ 아기 너구리↗

우리 누나가↗

둘러 준_ 니트_ 목도리↗

빨간_ 노을처럼↗

마음이_ 번져 가네↗

느티나무 아래_ 아기 너구리↗

[5회 읽기] 내용을 읽고, 읽은 횟수에 색칠하세요.

횟수	1회	2회	3회	4회	5회
확인	♡	♡	♡	♡	♡

동시를 따라 써보세요.

☐☐　☐☐☐

추운 겨울날

☐☐ 아래 아기 ☐☐☐

우리 ☐☐ 가

둘러 준 ☐☐ 목도리

빨간 ☐☐ 처럼

마음이 번져 가네

☐☐☐☐ 아래 아기 ☐☐☐

자음 'ㄷ' 글자 - 다 더 도 두 드 디

다 다람쥐

다음의 단어를 따라 써보세요.

다람쥐	다람쥐가 나무를 타요.
다람쥐	다람쥐	다람쥐
다람쥐	다람쥐	다람쥐

더 더하기

다음의 단어를 따라 써보세요.

더하기	일 더하기 일은 이에요.
더하기	더하기	더하기
더하기	더하기	더하기

도

도토리

다음의 단어를 따라 써보세요.

도토리	박새가 도토리를 먹어요.
도토리	도토리	도토리
도토리	도토리	도토리

두

두더지

다음의 단어를 따라 써보세요.

두더지	두더지가 땅을 파요.
두더지	두더지	두더지
두더지	두더지	두더지

드 드럼

다음의 단어를 따라 써보세요.

드럼	오빠가 드럼을 쳐요.
드럼	드럼	드럼
드럼	드럼	드럼

디 디딤돌

다음의 단어를 따라 써보세요.

디딤돌	신발이 디딤돌 위에 있어요.
디딤돌	디딤돌	디딤돌
디딤돌	디딤돌	디딤돌

그림에 맞는 단어를 찾아 이어 보세요.

다람쥐

두더지

도토리

더하기

디딤돌

드럼

[가로세로 단어 퍼즐]

다음의 단어를 찾아 동그라미 하세요.

다람쥐   도토리   두더지   드럼   디딤돌   더하기

도	토	리	상	더
두	드	벌	팜	하
더	럼	두	매	기
지	초	디	딤	돌
쿠	다	람	쥐	미

동시를 듣고, 따라 읽어보세요.

영상으로 보는 동요

디딤돌 음악회

두더지는 멋지게 지휘를 하고
다람쥐는 도토리 드럼을 치고
귀뚜라미 찌르르 노래를 불러
여러 가지 소리의 더하기
두구두구두구 둥둥탁 찌르찌르 찌르르
두구두구두구 둥둥탁 디딤돌 음악회

[읽기 가이드]

_ 길게 늘이기
↗ 길게 늘이면서 올리기

디딤돌 음악회

두더지는_ 멋지게_ 지휘를_ 하고↗

다람쥐는_ 도토리_ 드럼을_ 치고↗

귀뚜라미_ 찌르르_ 노래를_ 불러↗

여러 가지 소리의_ 더하기↗

두구두구두구_ 둥둥탁↗ 찌르찌르_ 찌르르↗

두구두구두구_ 둥둥탁↗ 디딤돌_ 음악회↗

 [5회 읽기] 내용을 읽고, 읽은 횟수에 색칠하세요.

횟수	1회	2회	3회	4회	5회
확인	♡	♡	♡	♡	♡

동시를 따라 써보세요.

☐☐☐ 음악회

☐☐☐는 멋지게 지휘를 하고

☐☐☐는 ☐☐☐☐☐을 치고

귀뚜라미 찌르르 노래를 불러

여러 가지 소리의 ☐☐☐

두구두구두구 둥둥탁 찌르찌르 찌르르

두구두구두구 둥둥탁 ☐☐☐ 음악회

자음 'ㄹ' 글자 - 라 러 로 루 르 리

라 라디오

다음의 단어를 따라 써보세요.

라디오	엄마가 라디오를 들어요.
라디오	라디오	라디오
라디오	라디오	라디오

러 여러분

다음의 단어를 따라 써보세요.

여러분	여러분, 만나서 반가워요.
여러분	여러분	여러분
여러분	여러분	여러분

로   로봇

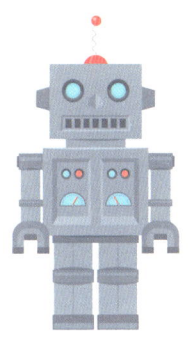

다음의 단어를 따라 써보세요.

로봇	과학자가 로봇을 만들어요.
로봇	로봇	로봇
로봇	로봇	로봇

루   하루

다음의 단어를 따라 써보세요.

하루	친구랑 하루 종일 놀아요.
하루	하루	하루
하루	하루	하루

르   따르릉

다음의 단어를 따라 써보세요.

따르릉	따르릉, 자전거가 지나가요.
따르릉	따르릉　　따르릉
따르릉	따르릉　　따르릉

리   리본

다음의 단어를 따라 써보세요.

리본	언니가 리본을 묶어요.
리본	리본　　리본
리본	리본　　리본

그림에 맞는 단어를 찾아 이어 보세요.

[가로세로 단어 퍼즐]

다음의 단어를 찾아 동그라미 하세요.

라디오   여러분   로봇   하루   따르릉   리본

여	리	라	디	오
러	본	로	간	거
분	백	봇	면	하
뱅	따	르	릉	루
김	부	커	치	므

동시를 듣고, 따라 읽어보세요.

영상으로 보는 동요

어제 한 일

1절 어제 하루 한 일을 이야기해 볼까요?
저는요 따르릉 자전거를 탔어요
저는요 로봇을 만들면서 놀았어요
여러분 모두 다 재미있게 보냈군요

2절 어제 하루 한 일을 이야기해 볼까요?
저는요 엄마랑 라디오를 들었어요
저는요 선물을 리본으로 꾸몄어요
여러분 모두 다 행복하게 보냈군요

[읽기 가이드]

읽기 가이드

> _ 길게 늘이기
> ↗ 길게 늘이면서 올리기

어제 한 일

1절

어제 하루_ 한 일을_ 이야기해 볼까요?↗
저는요↗ 따르릉_ 자전거를_ 탔어요↗
저는요↗ 로봇을_ 만들면서_ 놀았어요↗
여러분_ 모두 다_ 재미있게_ 보냈군요↗

2절

어제 하루_ 한 일을_ 이야기해 볼까요?↗
저는요↗ 엄마랑_ 라디오를_ 들었어요↗
저는요↗ 선물을_ 리본으로_ 꾸몄어요↗
여러분_ 모두 다_ 행복하게_ 보냈군요↗

[5회 읽기] 내용을 읽고, 읽은 횟수에 색칠하세요.

횟수	1회	2회	3회	4회	5회
확인	♡	♡	♡	♡	♡

동시를 따라 써보세요.

어제 한 일

어제 ☐☐ 한 일을 이야기해 볼까요?

저는요 ☐☐☐ 자전거를 탔어요

저는요 ☐☐ 을 만들면서 놀았어요

☐☐☐ 모두 다 재미있게 보냈군요

어제 ☐☐ 한 일을 이야기해 볼까요?

저는요 엄마랑 ☐☐☐ 를 들었어요

저는요 선물을 ☐☐ 으로 꾸몄어요

☐☐☐ 모두 다 행복하게 보냈군요

자음 'ㅁ' 글자 - 마 머 모 무 므 미

마　　마음

다음의 단어를 따라 써보세요.

마음	선생님은 마음이 따뜻해요.
마음	마음　　마음
마음	마음　　마음

머　　머리

다음의 단어를 따라 써보세요.

머리	머리에 모자를 써요.
머리	머리　　머리
머리	머리　　머리

모 모습

다음의 단어를 따라 써보세요.

모습	내 모습이 거울에 보여요.
모습 모습	모습 모습	모습 모습

무 무지개

다음의 단어를 따라 써보세요.

무지개	하늘에 무지개가 떴어요.
무지개 무지개	무지개 무지개	무지개 무지개

므

오므라이스

다음의 단어를 따라 써보세요.

오므라이스	오므라이스에 케찹을 뿌려요.
오므라이스	오므라이스	오므라이스
오므라이스	오므라이스	오므라이스

미

미소

다음의 단어를 따라 써보세요.

미소	이모가 미소를 지어요.
미소	미소	미소
미소	미소	미소

그림에 맞는 단어를 찾아 이어 보세요.

　　　　　　무지개

　　　　　　미소

　　　　　　오므라이스

　　　　　　모습

　　　　　　마음

　　　　　　머리

[가로세로 단어 퍼즐]

다음의 단어를 찾아 동그라미 하세요.

마음　　　머리　　　모습　　　무지개　　오므라이스　　미소

얀	버	무	지	개
오	므	라	이	스
미	양	후	머	리
소	차	모	더	마
지	럿	습	라	음

동시를 듣고, 따라 읽어보세요.

영상으로 보는 동요

오므라이스

오므라이스 한 입 먹으면
엄마 마음이 느껴지고
오므라이스 두 입 먹으면
엄마 미소가 그려져

오물오물오물 오므라이스
빨주노초파남보 무지개 맛
오므라이스 오물오물
머리에 엄마 모습이 떠올라

[읽기 가이드]

읽기 가이드

_ 길게 늘이기
↗ 길게 늘이면서 올리기

오므라이스

오므라이스_ 한 입_ 먹으면↗
엄마 마음이_ 느껴지고↗
오므라이스_ 두 입_ 먹으면↗
엄마 미소가_ 그려져↗

오물오물오물_ 오므라이스↗
빨주노초파남보_ 무지개 맛↗
오므라이스_ 오물오물↗
머리에_ 엄마 모습이_ 떠올라↗

 [5회 읽기] 내용을 읽고, 읽은 횟수에 색칠하세요.

횟수	1회	2회	3회	4회	5회
확인	♡	♡	♡	♡	♡

동시를 따라 써보세요.

☐☐☐☐☐

☐☐☐☐☐ 한 입 먹으면

엄마 ☐☐ 이 느껴지고

☐☐☐☐☐ 두 입 먹으면

엄마 ☐☐ 가 그려져

오물오물오물 ☐☐☐☐☐

빨주노초파남보 ☐☐☐ 맛

☐☐☐☐☐ 오물오물

☐☐ 에 엄마 ☐☐ 이 떠올라

자음 'ㅂ' 글자 - 바 버 보 부 브 비

바　　바람

다음의 단어를 따라 써보세요.

바람	바람이 쌩쌩 불어요.
바람	바람	바람
바람	바람	바람

버　　버스

다음의 단어를 따라 써보세요.

버스	할머니가 버스를 기다려요.
버스	버스	버스
버스	버스	버스

보 보물

다음의 단어를 따라 써보세요.

보물	보물을 찾아 떠나요.
보물	보물	보물
보물	보물	보물

부 부엉이

다음의 단어를 따라 써보세요.

부엉이	부엉이가 부엉부엉 울어요.
부엉이	부엉이	부엉이
부엉이	부엉이	부엉이

브

브라보

다음의 단어를 따라 써보세요.

브라보	브라보는 '좋다'는 뜻이에요.
브라보	브라보 브라보
브라보	브라보 브라보

비

비행기

다음의 단어를 따라 써보세요.

비행기	비행기가 하늘을 날아요.
비행기	비행기 비행기
비행기	비행기 비행기

그림에 맞는 단어를 찾아 이어 보세요.

   보물

   부엉이

   브라보

   비행기

   버스

   바람

[가로세로 단어 퍼즐]

다음의 단어를 찾아 동그라미 하세요.

바람   버스   보물   부엉이   브라보   비행기

청	추	바	부	니
보	허	람	엉	챙
물	버	스	이	댄
비	행	기	트	러
주	웅	브	라	보

동시를 듣고, 따라 읽어보세요.

영상으로 보는 동요

보물 찾기

버스 타고 비행기 타고
부엉이 타고 바람 타고
숨겨진 보물 찾아가자

브라보 보물이다

바람 타고 부엉이 타고
비행기 타고 버스 타고
집으로 다시 돌아가자

브라보 다시 갈까?

[읽기 가이드]

읽기 가이드

_ 길게 늘이기
↗ 길게 늘이면서 올리기

보물 찾기

버스_ 타고↗ 비행기_ 타고↗
부엉이_ 타고↗ 바람_ 타고↗
숨겨진_ 보물_ 찾아가자↗

브라보_ 보물이다↗

바람_ 타고↗ 부엉이_ 타고↗
비행기_ 타고↗ 버스_ 타고↗
집으로_ 다시_ 돌아가자↗

브라보_ 다시_ 갈까?↗

[5회 읽기] 내용을 읽고, 읽은 횟수에 색칠하세요.

횟수	1회	2회	3회	4회	5회
확인	♡	♡	♡	♡	♡

동시를 따라 써보세요.

☐☐ 찾기

☐☐ 타고 ☐☐☐ 타고
☐☐☐ 타고 ☐☐ 타고
숨겨진 ☐☐ 찾아가자

☐☐☐ ☐☐ 이다

☐☐ 타고 ☐☐☐ 타고
☐☐☐ 타고 ☐☐ 타고
집으로 다시 돌아가자

☐☐☐ 다시 갈까?

자음 'ㅅ' 글자 - 사 서 소 수 스 시

사

사진

다음의 단어를 따라 써보세요.

사진	할아버지가 사진을 찍어요.
사진	사진	사진
사진	사진	사진

서

서랍

다음의 단어를 따라 써보세요.

서랍	서랍 속에 편지를 넣어요.
서랍	서랍	서랍
서랍	서랍	서랍

소   소풍

다음의 단어를 따라 써보세요.

소풍	학교에서 소풍을 가요.
소풍	소풍	소풍
소풍	소풍	소풍

수   수영

다음의 단어를 따라 써보세요.

수영	삼촌이 수영을 해요.
수영	수영	수영
수영	수영	수영

스 　　스케이트

다음의 단어를 따라 써보세요.

스케이트	겨울에 스케이트를 타요.
스케이트	스케이트	스케이트
스케이트	스케이트	스케이트

시 　　시합

다음의 단어를 따라 써보세요.

시합	달리기 시합이 열렸어요.
시합	시합	시합
시합	시합	시합

그림에 맞는 단어를 찾아 이어 보세요.

[가로세로 단어 퍼즐]

다음의 단어를 찾아 동그라미 하세요.

사진　　서랍　　소풍　　수영　　스케이트　　시합

허	러	스	머	수
서	커	케	시	합
랍	푸	이	타	아
사	혀	트	소	풍
진	카	수	영	누

동시를 듣고, 따라 읽어보세요.

영상으로 보는 동요

봄 여름 가을 겨울

봄이 좋은 이유는
같이 소풍을 가기 때문이죠
여름이 좋은 이유는
수영 시합을 하기 때문이죠
봄 여름 가을 겨울 모두 좋아요
사진을 서랍에 간직할래요
가을이 좋은 이유는
추석 송편을 빚기 때문이죠
겨울이 좋은 이유는
스케이트를 타기 때문이죠
봄 여름 가을 겨울 모두 좋아요
사진을 서랍에 간직할래요

[읽기 가이드]

_ 길게 늘이기
↗ 길게 늘이면서 올리기

읽기 가이드

봄 여름 가을 겨울

봄이_ 좋은_ 이유는↗
같이_ 소풍을_ 가기 때문이죠↗
여름이_ 좋은_ 이유는↗
수영 시합을_ 하기 때문이죠↗
봄 여름 가을 겨울_ 모두_ 좋아요↗
사진을_ 서랍에_ 간직할래요↗
가을이_ 좋은_ 이유는↗
추석 송편을_ 빚기 때문이죠↗
겨울이_ 좋은_ 이유는↗
스케이트를_ 타기 때문이죠↗
봄 여름 가을 겨울_ 모두_ 좋아요↗
사진을_ 서랍에_ 간직할래요↗

 [5회 읽기] 내용을 읽고, 읽은 횟수에 색칠하세요.

횟수	1회	2회	3회	4회	5회
확인	♡	♡	♡	♡	♡

동시를 따라 써보세요.

봄 여름 가을 겨울

봄이 좋은 이유는
같이 ☐☐ 을 가기 때문이죠
여름이 좋은 이유는
☐☐ ☐☐ 을 하기 때문이죠
봄 여름 가을 겨울 모두 좋아요
☐☐ 을 ☐☐ 에 간직할래요
가을이 좋은 이유는
추석 송편을 빚기 때문이죠
겨울이 좋은 이유는
☐☐☐☐ 를 타기 때문이죠
봄 여름 가을 겨울 모두 좋아요
☐☐ 을 ☐☐ 에 간직할래요

자음 'ㅈ' 글자 - 자 저 조 주 즈 지

자

자동차

다음의 단어를 따라 써보세요.

자동차	자동차가 신나게 달려요.
자동차	자동차	자동차
자동차	자동차	자동차

저

저금

다음의 단어를 따라 써보세요.

저금	나는 용돈을 저금해요.
저금	저금	저금
저금	저금	저금

조   조심

다음의 단어를 따라 써보세요.

조심	봄에는 산불을 조심해요.
조심	조심	조심
조심	조심	조심

주   주변

다음의 단어를 따라 써보세요.

주변	주변을 깔끔하게 정리해요.
주변	주변	주변
주변	주변	주변

즈   퀴즈

다음의 단어를 따라 써보세요.

퀴즈	단어 퀴즈를 풀어요.
퀴즈	퀴즈	퀴즈
퀴즈	퀴즈	퀴즈

지   지각

다음의 단어를 따라 써보세요.

지각	유치원에 지각하지 말아요.
지각	지각	지각
지각	지각	지각

그림에 맞는 단어를 찾아 이어 보세요.

[가로세로 단어 퍼즐]

다음의 단어를 찾아 동그라미 하세요.

자동차   저금   조심   주변   퀴즈   지각

자	카	지	각	추
동	퀴	즈	아	조
차	머	저	금	심
앙	주	호	람	주
치	변	다	바	나

동시를 듣고, 따라 읽어보세요.

영상으로 보는 동요

생활습관 퀴즈송

찻길을 건널 때는? 자동차를 조심해요
용돈을 받으면? 조금씩은 저금해요
주변이 더러우면? 깨끗하게 청소해요
친구와 약속하면? 지각하지 말아요

모두 모두 백점만점 어린이
생활습관 퀴즈 재밌다

[읽기 가이드]

_ 길게 늘이기
↗ 길게 늘이면서 올리기

생활습관 퀴즈송

찻길을_ 건널 때는?↗ 자동차를_ 조심해요↗
용돈을_ 받으면?↗ 조금씩은_ 저금해요↗
주변이_ 더러우면?↗ 깨끗하게_ 청소해요↗
친구와_ 약속하면?↗ 지각하지 말아요↗

모두 모두_ 백점만점 어린이↗
생활습관 퀴즈_ 재밌다↗

 [5회 읽기] 내용을 읽고, 읽은 횟수에 색칠하세요.

횟수	1회	2회	3회	4회	5회
확인	♡	♡	♡	♡	♡

동시를 따라 써보세요.

생활습관 □□ 송

찻길을 건널 때는? □□□를 □□해요

용돈을 받으면? 조금씩은 □□해요

□□이 더러우면? 깨끗하게 청소해요

친구와 약속하면? □□하지 말아요

모두 모두 백점만점 어린이

생활습관 □□ 재밌다

자음 'ㅊ' 글자 - 차 처 초 추 츠 치

차 차례

다음의 단어를 따라 써보세요.

차례	순서를 차례차례 기다려요.
차례	차례	차례
차례	차례	차례

처 처음

다음의 단어를 따라 써보세요.

처음	우리는 처음 만났어요.
처음	처음	처음
처음	처음	처음

초   초록

다음의 단어를 따라 써보세요.

초록	메뚜기는 초록색이에요.
초록	초록	초록
초록	초록	초록

추   추억

다음의 단어를 따라 써보세요.

추억	멋진 추억을 만들어요.
추억	추억	추억
추억	추억	추억

츠   왈츠

다음의 단어를 따라 써보세요.

왈츠	무도회에서 왈츠를 춰요.
왈츠	왈츠	왈츠
왈츠	왈츠	왈츠

치   치마

다음의 단어를 따라 써보세요.

치마	치마를 입으면 시원해요.
치마	치마	치마
치마	치마	치마

그림에 맞는 단어를 찾아 이어 보세요.

치마

초록

추억

왈츠

차례

처음

[가로세로 단어 퍼즐]

다음의 단어를 찾아 동그라미 하세요.

차례   처음   초록   추억   왈츠   치마

라	로	루	차	버
효	추	억	례	소
퍼	처	카	왈	츠
타	음	초	치	마
피	푸	록	단	토

동시를 듣고, 따라 읽어보세요.

영상으로 보는 동요

요정의 왈츠

처음엔 도로 시작해
레미 파솔솔
차례차례 음이 쌓이면
신나는 왈츠 음악

한밤의 숲속 무도회
초록 잎사귀
요정 치마 따라 입으면
쿵짝짝 멋진 추억

[읽기 가이드]

읽기 가이드

_ 길게 늘이기
↗ 길게 늘이면서 올리기

요정의 왈츠

처음엔_ 도로_ 시작해↗
레미_ 파솔솔↗
차례차례_ 음이_ 쌓이면↗
신나는_ 왈츠 음악↗

한밤의_ 숲속_ 무도회↗
초록_ 잎사귀↗
요정 치마_ 따라 입으면↗
쿵짝짝_ 멋진 추억↗

 [5회 읽기] 내용을 읽고, 읽은 횟수에 색칠하세요.

횟수	1회	2회	3회	4회	5회
확인	♡	♡	♡	♡	♡

동시를 따라 써보세요.

요정의 ☐☐

☐☐ 엔 도로 시작해

레미 파솔솔

☐☐☐☐ 음이 쌓이면

신나는 ☐☐ 음악

한밤의 숲속 무도회

☐☐ 잎사귀

요정 ☐☐ 따라 입으면

쿵짝짝 멋진 ☐☐

자음 'ㅋ' 글자 - 카 커 코 쿠 크 키

카

카메라

다음의 단어를 따라 써보세요.

카메라	카메라로 사진을 찍어요.
카메라	카메라	카메라
카메라	카메라	카메라

커

스피커

다음의 단어를 따라 써보세요.

스피커	스피커에서 음악이 나와요.
스피커	스피커	스피커
스피커	스피커	스피커

코 코끼리

다음의 단어를 따라 써보세요.

코끼리	코끼리는 코가 길어요.
코끼리	코끼리	코끼리
코끼리	코끼리	코끼리

쿠 쿠키

다음의 단어를 따라 써보세요.

쿠키	쿠키가 바삭바삭해요.
쿠키	쿠키	쿠키
쿠키	쿠키	쿠키

크   크레파스

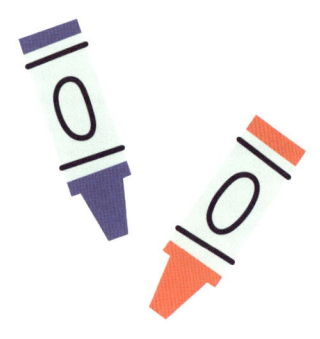

다음의 단어를 따라 써보세요.

크레파스	크레파스로 그림을 그려요.
크레파스	크레파스	크레파스
크레파스	크레파스	크레파스

키   키보드

다음의 단어를 따라 써보세요.

키보드	키보드로 글씨를 쳐요.
키보드	키보드	키보드
키보드	키보드	키보드

그림에 맞는 단어를 찾아 이어 보세요.

[가로세로 단어 퍼즐]

다음의 단어를 찾아 동그라미 하세요.

카메라   스피커   코끼리   쿠키   크레파스   키보드

스	피	커	아	키
쿠	호	루	카	보
키	오	내	메	드
코	끼	리	라	러
새	크	레	파	스

동시를 듣고, 따라 읽어보세요.

영상으로 보는 동요

소리로 가득한 세상

카메라는 찰칵찰칵
코끼리는 뿌우뿌우
스피커는 쿵쾅쿵쾅
키보드는 타닥타닥
여러 가지 소리로 가득한 세상

쿠키 바삭바삭 먹는 소리
쓱쓱 크레파스 색칠 소리
재미있는 소리로 가득한 내 방

[읽기 가이드]

_ 길게 늘이기
↗ 길게 늘이면서 올리기

소리로 가득한 세상

카메라는_ 찰칵찰칵↗
코끼리는_ 뿌우뿌우↗
스피커는_ 쿵쾅쿵쾅↗
키보드는_ 타닥타닥↗
여러 가지 소리로_ 가득한_ 세상↗

쿠키_ 바삭바삭_ 먹는 소리↗
쓱쓱_ 크레파스_ 색칠 소리↗
재미있는_ 소리로_ 가득한_ 내 방↗

[5회 읽기] 내용을 읽고, 읽은 횟수에 색칠하세요.

횟수	1회	2회	3회	4회	5회
확인	♡	♡	♡	♡	♡

동시를 따라 써보세요.

소리로 가득한 세상

☐☐☐ 는 찰칵찰칵

☐☐☐ 는 뿌우뿌우

☐☐☐ 는 쿵쾅쿵쾅

☐☐☐ 는 타닥타닥

여러 가지 소리로 가득한 세상

☐☐ 바삭바삭 먹는 소리

쓱쓱 ☐☐☐☐ 색칠 소리

재미있는 소리로 가득한 내 방

자음 'ㅌ' 글자 - 타 터 토 투 트 티

타   타조

다음의 단어를 따라 써보세요.

타조	타조가 빨리 달려요.
타조	타조	타조
타조	타조	타조

터   놀이터

다음의 단어를 따라 써보세요.

놀이터	친구들과 놀이터에서 놀아요.
놀이터	놀이터	놀이터
놀이터	놀이터	놀이터

토   토끼

다음의 단어를 따라 써보세요.

토끼	토끼가 깡충깡충 뛰어요.
토끼	토끼	토끼
토끼	토끼	토끼

투   투수

다음의 단어를 따라 써보세요.

투수	투수가 공을 던져요.
투수	투수	투수
투수	투수	투수

트   트로피

다음의 단어를 따라 써보세요.

트로피	우승팀이 트로피를 탔어요.
트로피	트로피	트로피
트로피	트로피	트로피

티   티라노

다음의 단어를 따라 써보세요.

티라노	티라노사우루스는 힘이 세요.
티라노	티라노	티라노
티라노	티라노	티라노

그림에 맞는 단어를 찾아 이어 보세요.

트로피

티라노

타조

놀이터

토끼

투수

[가로세로 단어 퍼즐]

다음의 단어를 찾아 동그라미 하세요.

타조   놀이터   토끼   투수   트로피   티라노

트	타	조	토	끼
로	번	삼	요	셔
피	휴	놀	태	티
바	노	이	레	라
투	수	터	미	노

동시를 듣고, 따라 읽어보세요.

영상으로 보는 동요

꼬마 야구왕

투수가 던진 야구공이

방망이에 맞고 날아가요

투수가 던진 야구공이

멀리멀리 날아가요

공을 잡으러 가는 토끼 선수

토끼보다 더 빠른 타조 선수

타조보다 더 빠른 티라노 선수

모두 모두 달려갔지만

멀리 날아간 야구공은

놀이터의 꼬마가

최고 야구왕 트로피 야호 내 손에

[읽기 가이드]

읽기 가이드

> _ 길게 늘이기
> ↗ 길게 늘이면서 올리기

꼬마 야구왕

투수가_ 던진_ 야구공이 ↗

방망이에_ 맞고_ 날아가요 ↗

투수가_ 던진_ 야구공이 ↗

멀리멀리_ 날아가요 ↗

공을_ 잡으러 가는_ 토끼 선수 ↗

토끼보다_ 더 빠른_ 타조 선수 ↗

타조보다_ 더 빠른_ 티라노 선수 ↗

모두 모두_ 달려갔지만 ↗

멀리_ 날아간_ 야구공은 ↗

놀이터의_ 꼬마가 ↗

최고_ 야구왕_ 트로피 ↗

야호_ 내 손에 ↗

 [5회 읽기] 내용을 읽고, 읽은 횟수에 색칠하세요.

횟수	1회	2회	3회	4회	5회
확인	♡	♡	♡	♡	♡

동시를 따라 써보세요.

꼬마 야구왕

☐☐ 가 던진 야구공이

방망이에 맞고 날아가요

☐☐ 가 던진 야구공이

멀리멀리 날아가요

공을 잡으러 가는 ☐☐ 선수

☐☐ 보다 더 빠른 ☐☐ 선수

☐☐ 보다 더 빠른 ☐☐☐ 선수

모두 모두 달려갔지만

멀리 날아간 야구공은

놀이터의 꼬마가

최고 야구왕 ☐☐☐ 야호 내 손에

자음 'ㅍ' 글자 - 파 퍼 포 푸 프 피

파   파티

다음의 단어를 따라 써보세요.

파티	공주님이 파티를 열어요.
파티	파티	파티
파티	파티	파티

퍼   퍼즐

다음의 단어를 따라 써보세요.

퍼즐	그림 퍼즐을 맞춰요.
퍼즐	퍼즐	퍼즐
퍼즐	퍼즐	퍼즐

포   포장

다음의 단어를 따라 써보세요.

포장	요정이 선물을 포장해요.
포장	포장	포장
포장	포장	포장

푸   푸딩

다음의 단어를 따라 써보세요.

푸딩	푸딩이 말랑말랑해요.
푸딩	푸딩	푸딩
푸딩	푸딩	푸딩

프 프랑스

다음의 단어를 따라 써보세요.

프랑스	파리는 프랑스의 수도예요.
프랑스	프랑스	프랑스
프랑스	프랑스	프랑스

피 피아노

다음의 단어를 따라 써보세요.

피아노	피아노 소리가 아름다워요.
피아노	피아노	피아노
피아노	피아노	피아노

그림에 맞는 단어를 찾아 이어 보세요.

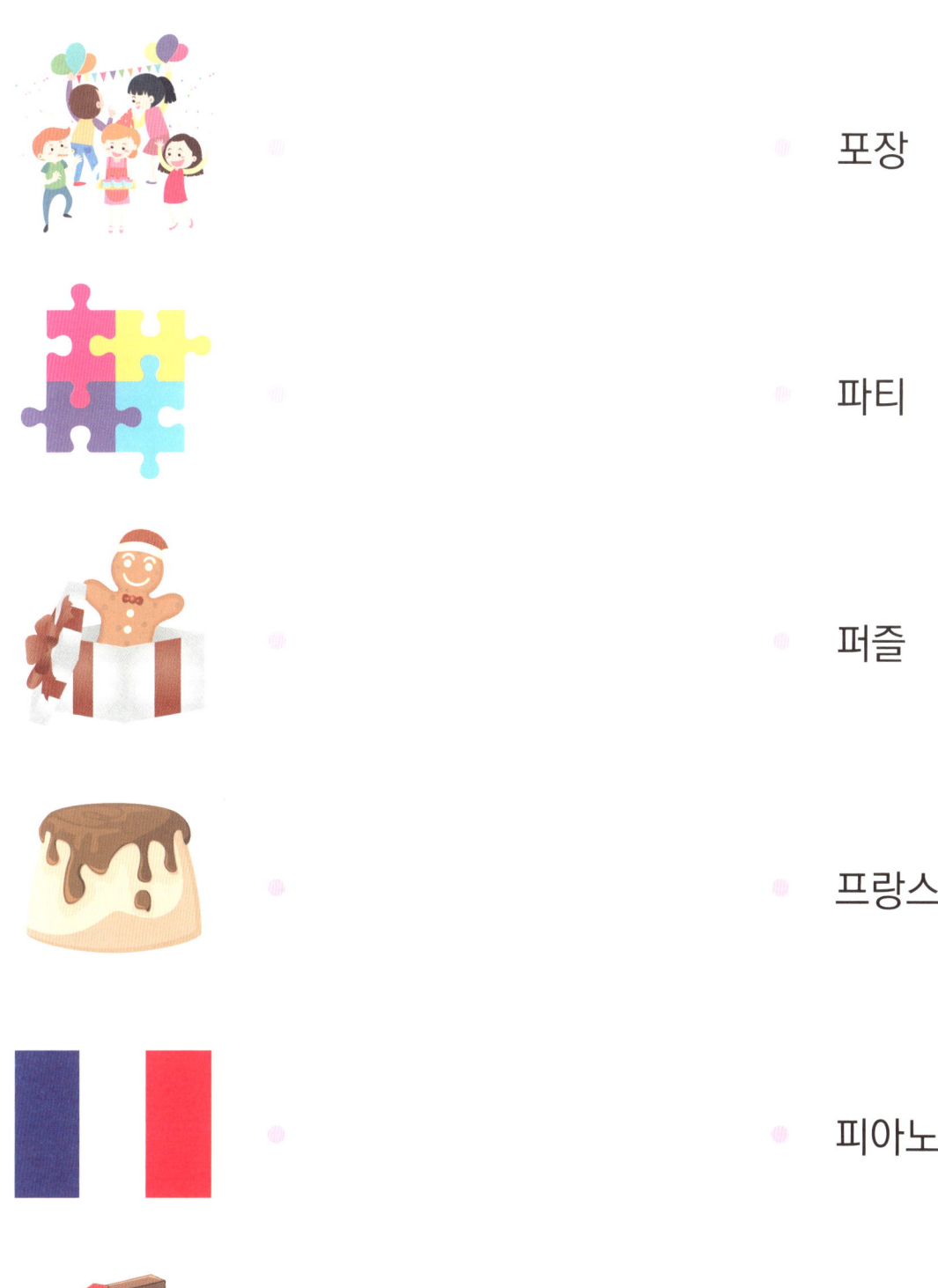

[가로세로 단어 퍼즐]

다음의 단어를 찾아 동그라미 하세요.

파티   퍼즐   포장   푸딩   프랑스   피아노

프	마	도	파	티
랑	푸	퍼	즐	자
스	딩	미	프	피
래	포	한	추	아
다	장	두	스	노

동시를 듣고, 따라 읽어보세요.

영상으로 보는 동요

퍼즐 조각

흩어진 퍼즐 조각을 천천히 맞춰봐
흩어진 퍼즐 조각을 하나하나 맞춰봐

왼쪽은 말랑한 푸딩 간식이
오른쪽은 포장된 네모 상자가
위쪽은 프랑스 마카롱 음식이
아래쪽은 피아노 치는 사람이

완성된 퍼즐 조각이 무언지 맞춰봐
완성된 퍼즐 조각은 내 생일 파티야

[읽기 가이드]

읽기 가이드

_ 길게 늘이기
↗ 길게 늘이면서 올리기

퍼즐 조각

흩어진_ 퍼즐 조각을_ 천천히_ 맞춰봐↗
흩어진_ 퍼즐 조각을_ 하나하나_ 맞춰봐↗

왼쪽은_ 말랑한_ 푸딩 간식이↗
오른쪽은_ 포장된_ 네모 상자가↗
위쪽은_ 프랑스_ 마카롱 음식이↗
아래쪽은_ 피아노 치는_ 사람이↗

완성된_ 퍼즐 조각이_ 무언지_ 맞춰봐↗
완성된_ 퍼즐 조각은_ 내 생일_ 파티야↗

 [5회 읽기] 내용을 읽고, 읽은 횟수에 색칠하세요.

횟수	1회	2회	3회	4회	5회
확인	♡	♡	♡	♡	♡

동시를 따라 써보세요.

퍼즐 조각

흩어진 ☐☐ 조각을 천천히 맞춰봐
흩어진 ☐☐ 조각을 하나하나 맞춰봐

왼쪽은 말랑한 ☐☐ 간식이
오른쪽은 ☐☐ 된 네모 상자가
위쪽은 ☐☐☐ 마카롱 음식이
아래쪽은 ☐☐☐ 치는 사람이

완성된 ☐☐ 조각이 무언지 맞춰봐
완성된 ☐☐ 조각은 내 생일 ☐☐ 야

자음 'ㅎ' 글자 - 하 허 호 후 흐 히

하   하늘

다음의 단어를 따라 써보세요.

하늘	하늘에 구름이 떠다녀요.
하늘	하늘	하늘
하늘	하늘	하늘

허   허리

다음의 단어를 따라 써보세요.

허리	허리를 굽혀 인사해요.
허리	허리	허리
허리	허리	허리

호   호랑이

다음의 단어를 따라 써보세요.

호랑이	호랑이가 어흥 울어요.
호랑이	호랑이	호랑이
호랑이	호랑이	호랑이

후   후추

다음의 단어를 따라 써보세요.

후추	수프에 후추를 뿌려요.
후추	후추	후추
후추	후추	후추

흐   고흐

다음의 단어를 따라 써보세요.

고흐	고흐는 유명한 화가예요.
고흐	고흐	고흐
고흐	고흐	고흐

히   히말라야

다음의 단어를 따라 써보세요.

히말라야	히말라야를 올라가고 싶어요.
히말라야	히말라야	히말라야
히말라야	히말라야	히말라야

그림에 맞는 단어를 찾아 이어 보세요.

   히말라야

   하늘

   후추

   허리

   호랑이

   고흐

[가로세로 단어 퍼즐]

다음의 단어를 찾아 동그라미 하세요.

하늘　　허리　　호랑이　　후추　　고흐　　히말라야

후	추	히	허	소
마	후	말	리	맨
미	호	라	아	그
조	랑	야	고	흐
터	이	하	늘	라

동시를 듣고, 따라 읽어보세요.

영상으로 보는 동요

호랑이와 히말라야

하늘 아래 뾰족뾰족 솟은 히말라야
호랑이도 올라가며 한 번 쉬었어
네 다리가 후들후들 허리도 욱신욱신
고흐의 그림처럼 아름다운 경치
구경도 못 하고 걷고 또 걸었어
후추처럼 매운 콧김 씩씩 뿜었어

[읽기 가이드]

읽기 가이드

_ 길게 늘이기
↗ 길게 늘이면서 올리기

호랑이와 히말라야

하늘 아래_ 뾰족뾰족_ 솟은_ 히말라야↗
호랑이도_ 올라가며_ 한 번_ 쉬었어↗
네 다리가_ 후들후들↗ 허리도_ 욱신욱신↗
고흐의_ 그림처럼_ 아름다운_ 경치↗
구경도_ 못 하고_ 걷고_ 또 걸었어↗
후추처럼_ 매운 콧김_ 씩씩_ 뿜었어↗

 [5회 읽기] 내용을 읽고, 읽은 횟수에 색칠하세요.

횟수	1회	2회	3회	4회	5회
확인	♡	♡	♡	♡	♡

동시를 따라 써보세요.

☐☐☐ 와 ☐☐☐☐

☐☐ 아래 뾰족뾰족 솟은 ☐☐☐☐

☐☐☐ 도 올라가며 한 번 쉬었어

네 다리가 후들후들 ☐☐ 도 욱신욱신

☐☐ 의 그림처럼 아름다운 경치

구경도 못 하고 걷고 또 걸었어

☐☐ 처럼 매운 콧김 씩씩 뿜었어

앞에서 배운 글자를 따라 써보세요.

가	가	가	가	가
거	거	거	거	거
고	고	고	고	고
구	구	구	구	구
그	그	그	그	그
기	기	기	기	기
나	나	나	나	나
너	너	너	너	너
노	노	노	노	노
누	누	누	누	누
느	느	느	느	느
니	니	니	니	니

앞에서 배운 글자를 따라 써보세요.

다	다	다	다	다
더	더	더	더	더
도	도	도	도	도
두	두	두	두	두
드	드	드	드	드
디	디	디	디	디
라	라	라	라	라
러	러	러	러	러
로	로	로	로	로
루	루	루	루	루
르	르	르	르	르
리	리	리	리	리

앞에서 배운 글자를 따라 써보세요.

마	마	마	마	마
머	머	머	머	머
모	모	모	모	모
무	무	무	무	무
므	므	므	므	므
미	미	미	미	미
바	바	바	바	바
버	버	버	버	버
보	보	보	보	보
부	부	부	부	부
브	브	브	브	브
비	비	비	비	비

앞에서 배운 글자를 따라 써보세요.

사	사	사	사	사
서	서	서	서	서
소	소	소	소	소
수	수	수	수	수
스	스	스	스	스
시	시	시	시	시
아	아	아	아	아
어	어	어	어	어
오	오	오	오	오
우	우	우	우	우
으	으	으	으	으
이	이	이	이	이

앞에서 배운 글자를 따라 써보세요.

자	자	자	자	자
저	저	저	저	저
조	조	조	조	조
주	주	주	주	주
즈	즈	즈	즈	즈
지	지	지	지	지

차	차	차	차	차
처	처	처	처	처
초	초	초	초	초
추	추	추	추	추
츠	츠	츠	츠	츠
치	치	치	치	치

앞에서 배운 글자를 따라 써보세요.

카	카	카	카	카
커	커	커	커	커
코	코	코	코	코
쿠	쿠	쿠	쿠	쿠
크	크	크	크	크
키	키	키	키	키
타	타	타	타	타
터	터	터	터	터
토	토	토	토	토
투	투	투	투	투
트	트	트	트	트
티	티	티	티	티

앞에서 배운 글자를 따라 써보세요.

파	파	파	파	파
퍼	퍼	퍼	퍼	퍼
포	포	포	포	포
푸	푸	푸	푸	푸
프	프	프	프	프
피	피	피	피	피

하	하	하	하	하
허	허	허	허	허
호	호	호	호	호
후	후	후	후	후
흐	흐	흐	흐	흐
히	히	히	히	히

 아라토 : 한글왕 친구들, '가나다라마바사아자차카타파하' 배우는 거 재밌었죠?

 강마루 : 네! 노래를 불렀는데, 한글을 다 배웠어요. 야호, 한글 공부가 제일 재밌다.

 라　온 : 우린 이제 한글왕이다!

가갸송

가갸송을 듣고 따라해 보세요.

영상으로 보는 동요

가에 점을 찍으면 갸갸갸

거에 점을 찍으면 겨겨겨

고에 점을 찍으면 교교교

구에 점을 찍으면 규규규

나에 점을 찍으면 냐냐냐

너에 점을 찍으면 녀녀녀

노에 점을 찍으면 뇨뇨뇨

누에 점을 찍으면 뉴뉴뉴

다에 점을 찍으면 댜댜댜

더에 점을 찍으면 뎌뎌뎌

도에 점을 찍으면 됴됴됴

두에 점을 찍으면 듀듀듀

라에 점을 찍으면 랴랴랴

러에 점을 찍으면 려려려

로에 점을 찍으면 료료료

루에 점을 찍으면 류류류

가갸송을 듣고 따라해 보세요.

마에 점을 찍으면 먀먀먀 머에 점을 찍으면 며며며 모에 점을 찍으면 묘묘묘 무에 점을 찍으면 뮤뮤뮤	바에 점을 찍으면 뱌뱌뱌 버에 점을 찍으면 벼벼벼 보에 점을 찍으면 뵤뵤뵤 부에 점을 찍으면 뷰뷰뷰
사에 점을 찍으면 샤샤샤 서에 점을 찍으면 셔셔셔 소에 점을 찍으면 쇼쇼쇼 수에 점을 찍으면 슈슈슈	아에 점을 찍으면 야야야 어에 점을 찍으면 여여여 오에 점을 찍으면 요요요 우에 점을 찍으면 유유유

가갸송을 듣고 따라해 보세요.

자에 점을 찍으면 쟈쟈쟈 저에 점을 찍으면 져져져 조에 점을 찍으면 죠죠죠 주에 점을 찍으면 쥬쥬쥬	차에 점을 찍으면 챠챠챠 처에 점을 찍으면 쳐쳐쳐 초에 점을 찍으면 쵸쵸쵸 추에 점을 찍으면 츄츄츄
카에 점을 찍으면 캬캬캬 커에 점을 찍으면 켜켜켜 코에 점을 찍으면 쿄쿄쿄 쿠에 점을 찍으면 큐큐큐	타에 점을 찍으면 탸탸탸 터에 점을 찍으면 텨텨텨 토에 점을 찍으면 툐툐툐 투에 점을 찍으면 튜튜튜

가갸송을 듣고 따라해 보세요.

파에 점을 찍으면 퍄퍄퍄

퍼에 점을 찍으면 펴펴펴

포에 점을 찍으면 표표표

푸에 점을 찍으면 퓨퓨퓨

하에 점을 찍으면 햐햐햐

허에 점을 찍으면 혀혀혀

호에 점을 찍으면 효효효

후에 점을 찍으면 휴휴휴

[모음편] 정답지

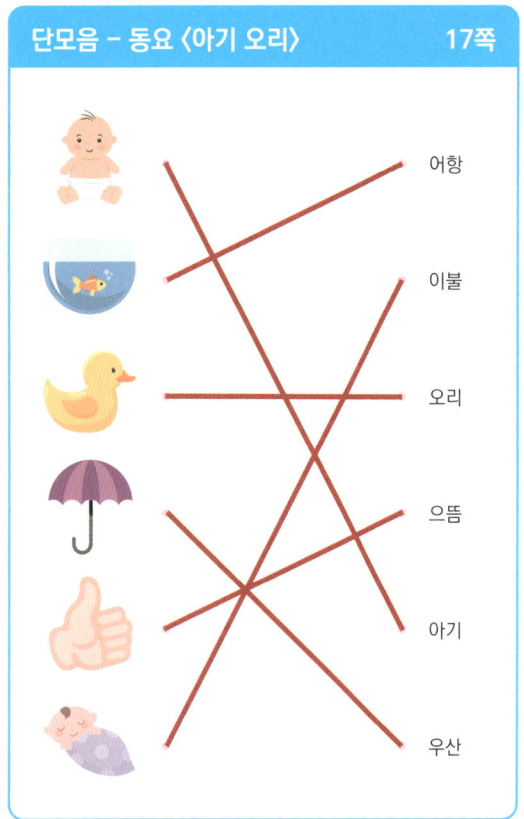

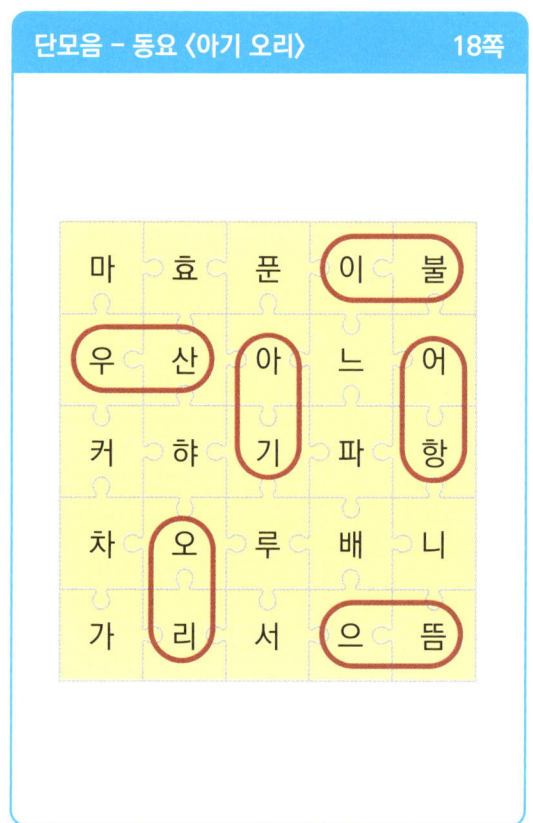

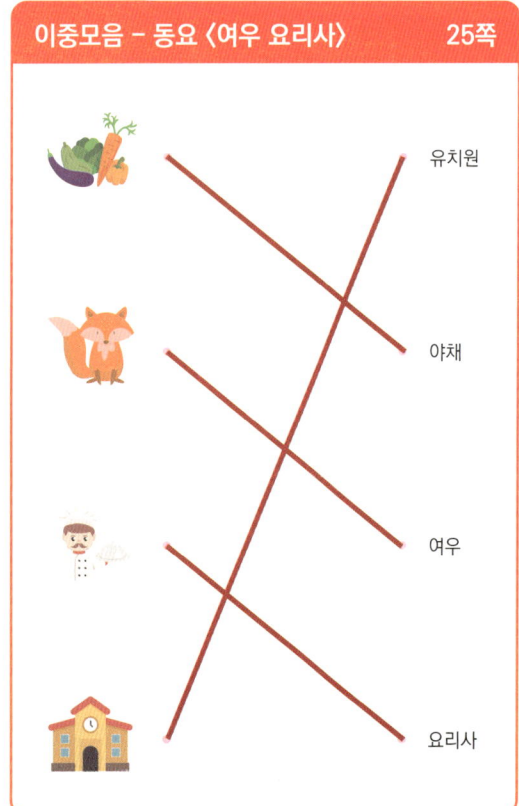

[자음편] 정답지

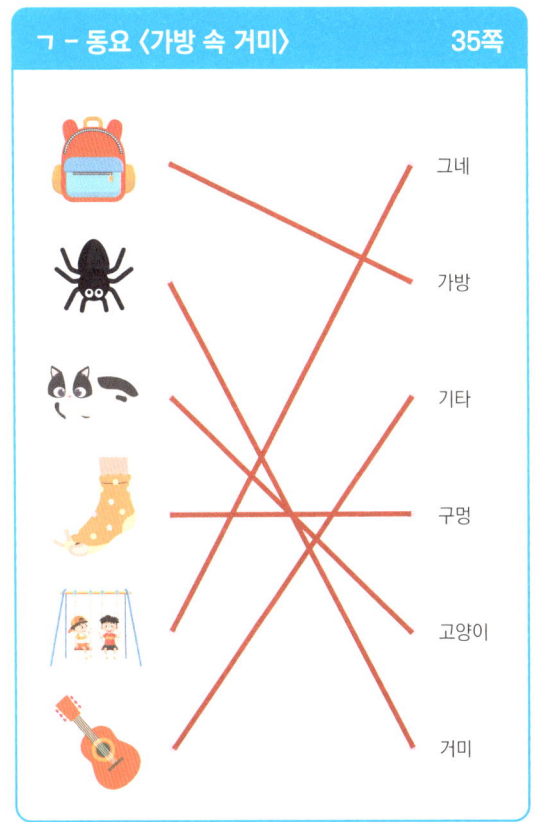

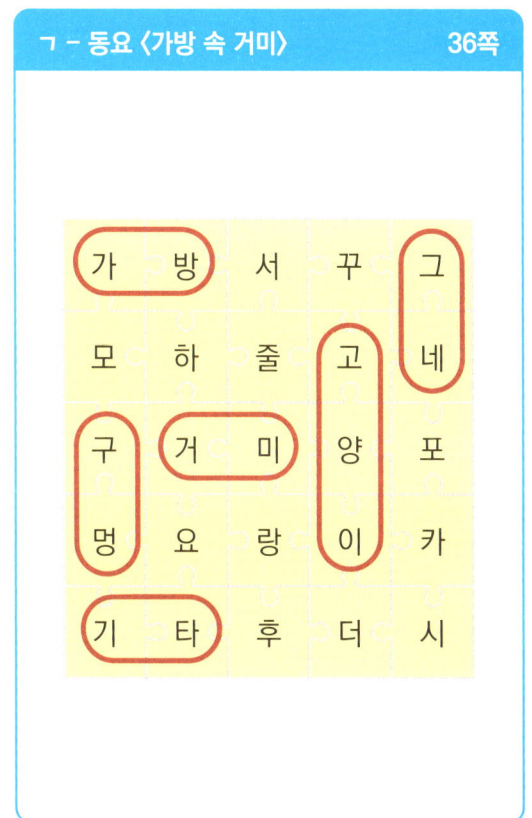

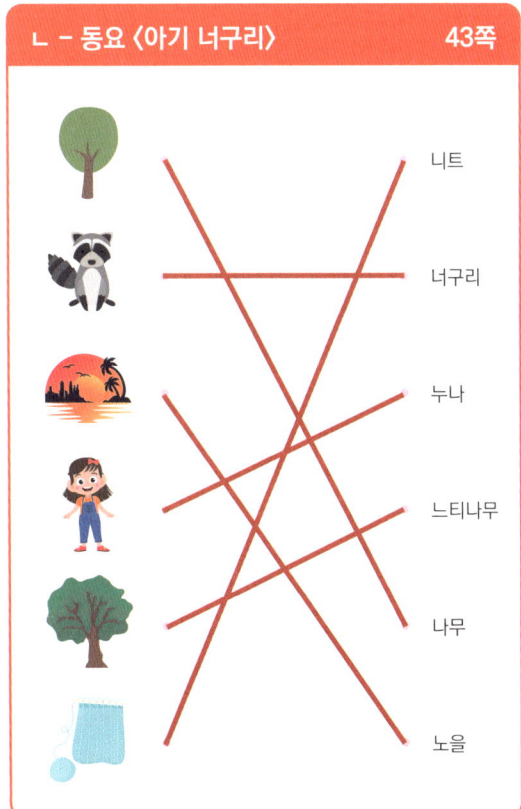

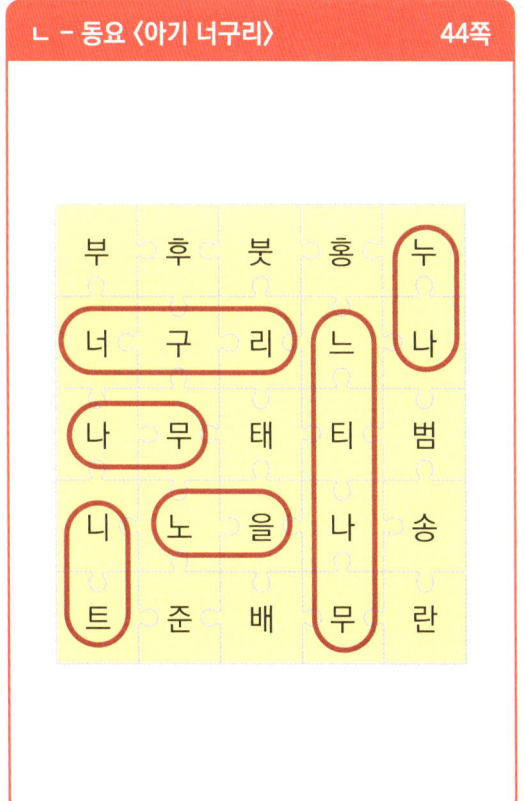

[자음편] 정답지

ㄷ – 동요 〈디딤돌 음악회〉 51쪽
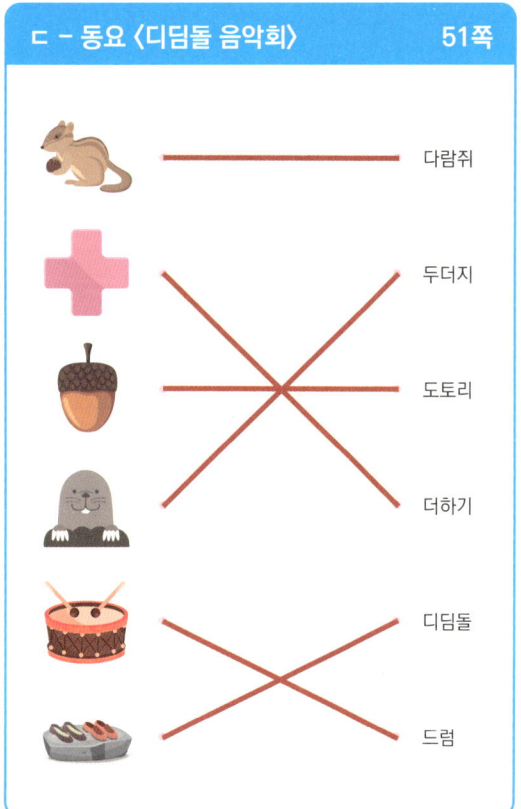

ㄷ – 동요 〈디딤돌 음악회〉 52쪽
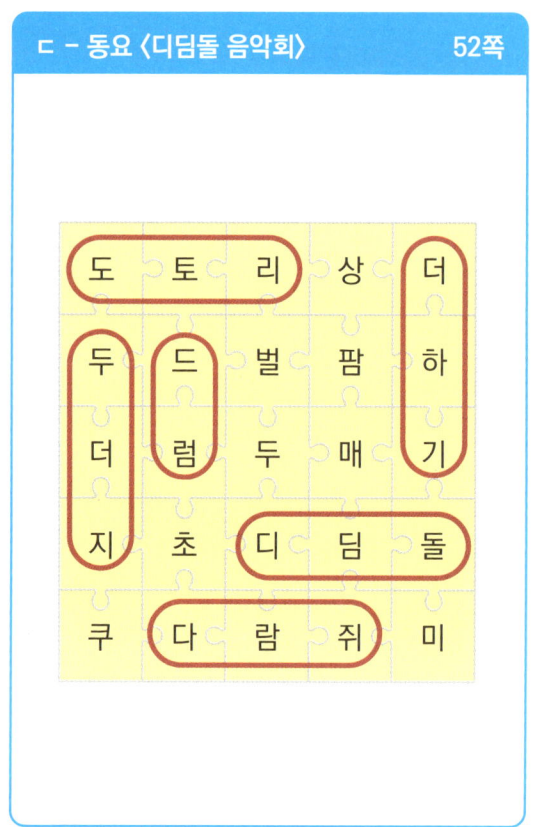

ㄹ – 동요 〈어제 한 일〉 59쪽
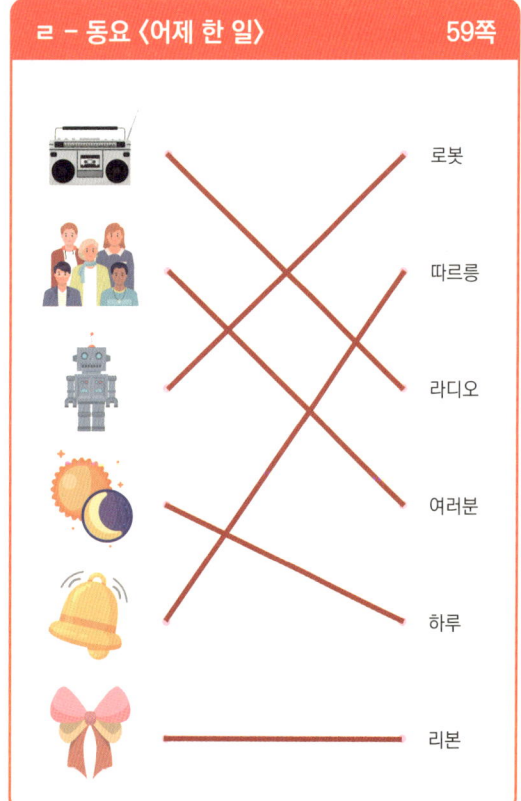

ㄹ – 동요 〈어제 한 일〉 60쪽

[자음편] 정답지

ㅁ – 동요 〈오므라이스〉 67쪽

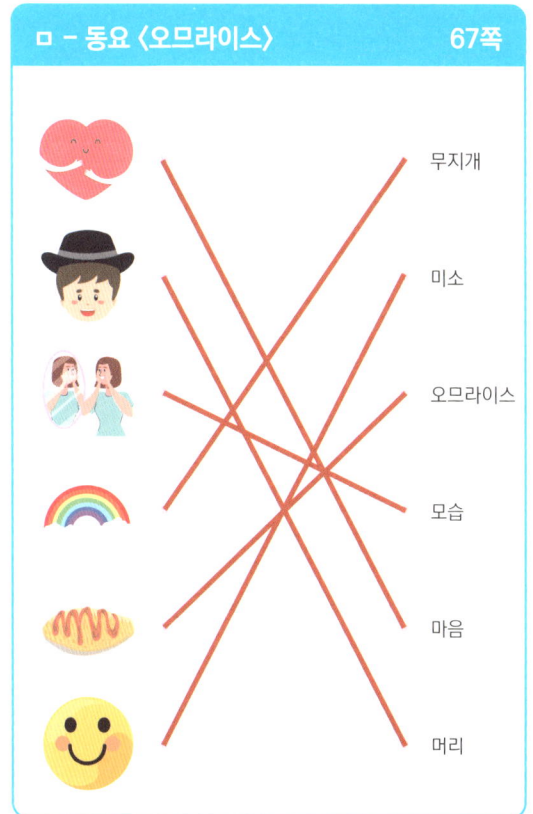

ㅁ – 동요 〈오므라이스〉 68쪽

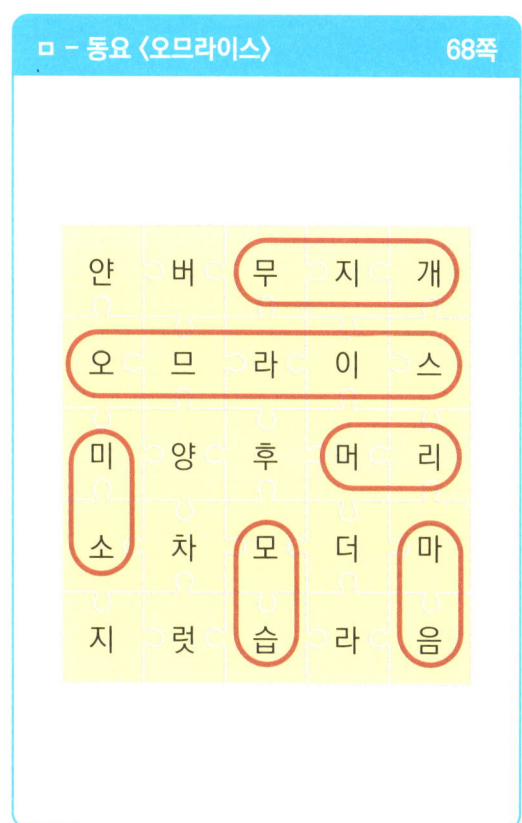

ㅂ – 동요 〈보물찾기〉 75쪽

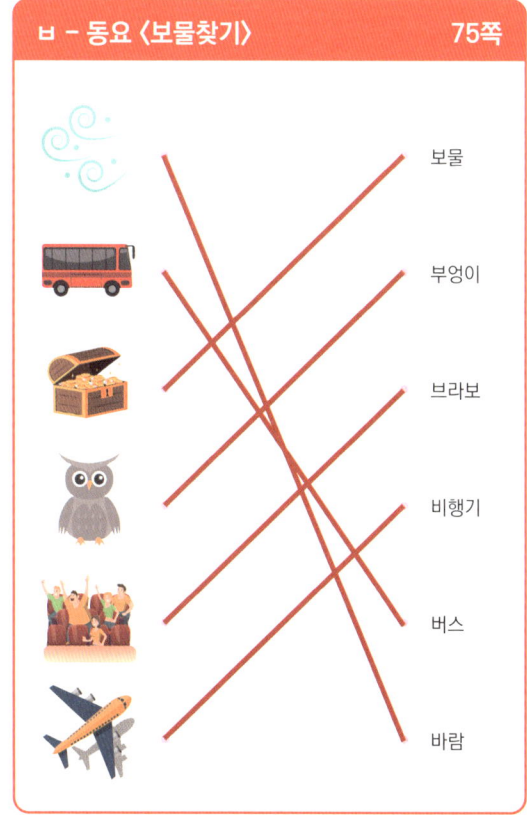

ㅂ – 동요 〈보물찾기〉 76쪽

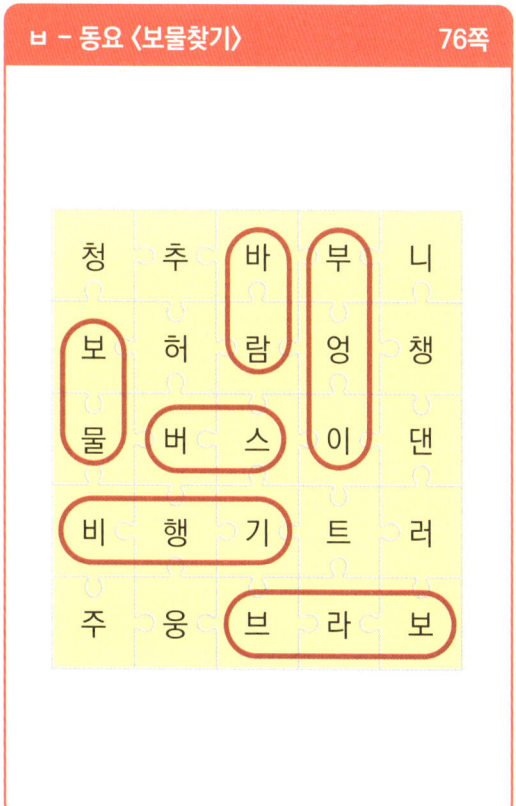

[자음편] 정답지

ㅅ - 동요 〈봄 여름 가을 겨울〉 83쪽

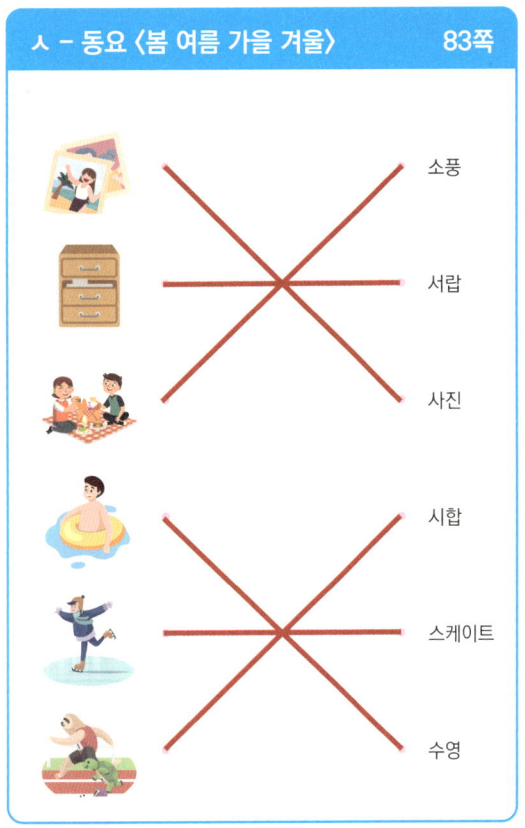

ㅅ - 동요 〈봄 여름 가을 겨울〉 84쪽

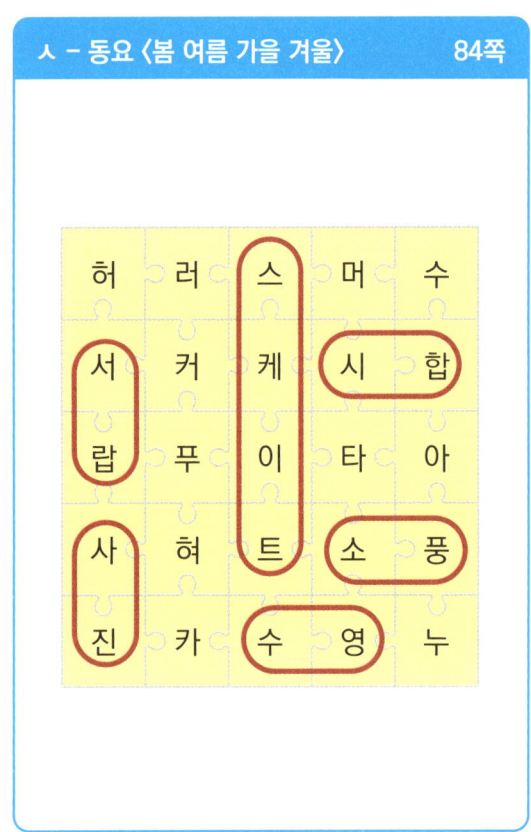

ㅈ - 동요 〈생활습관 퀴즈송〉 91쪽

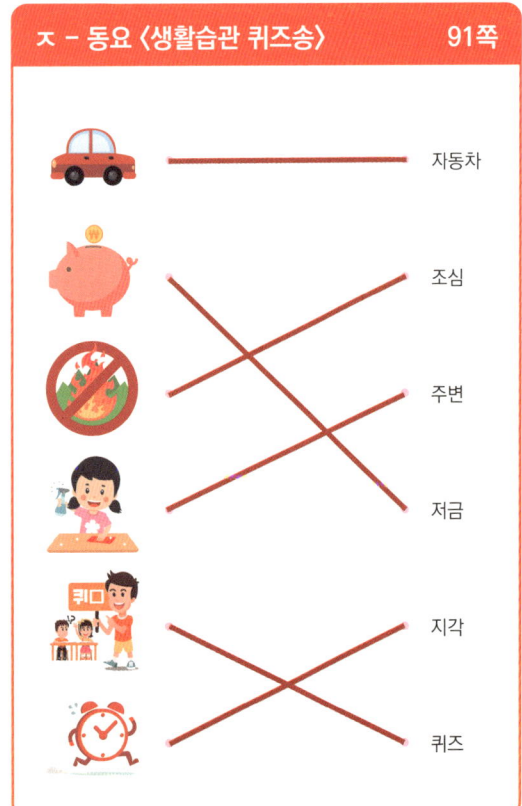

ㅈ - 동요 〈생활습관 퀴즈송〉 92쪽

[자음편] 정답지

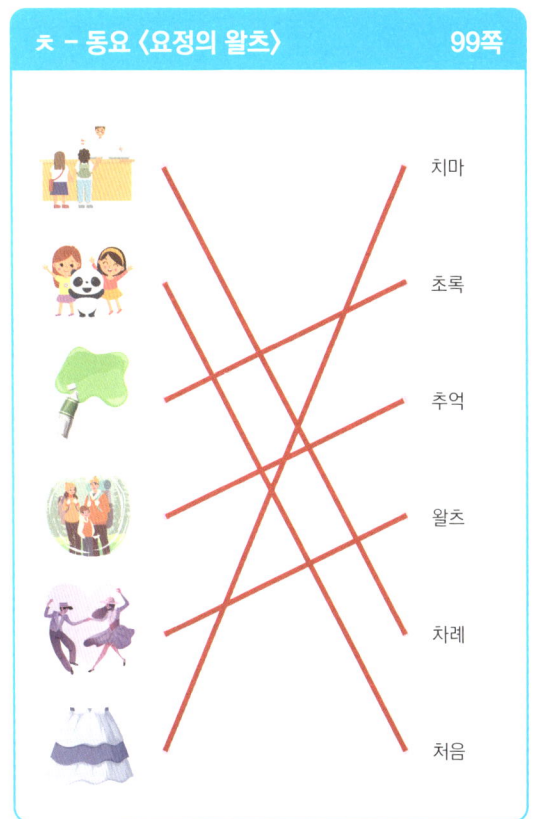

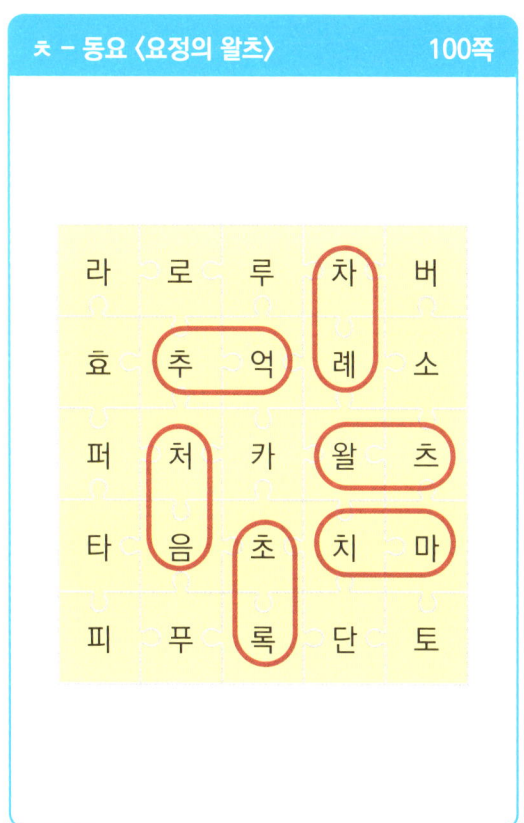

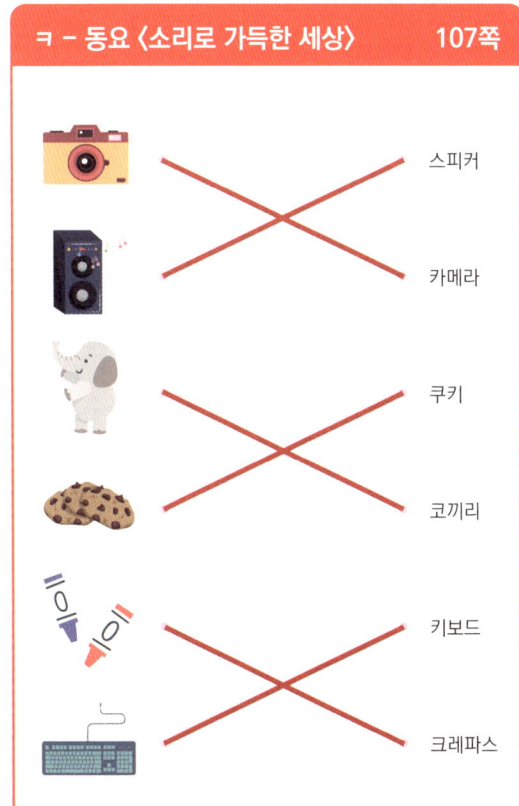

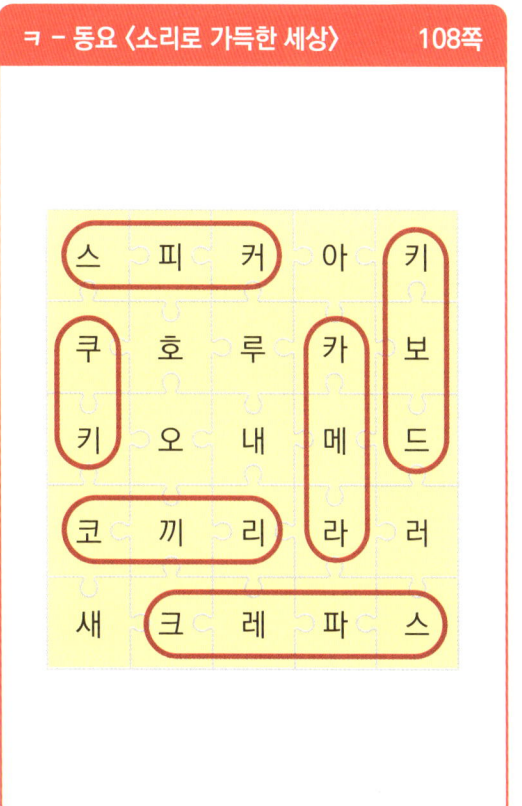

[자음편] 정답지

ㅌ – 동요 〈꼬마 야구왕〉 115쪽

ㅌ – 동요 〈꼬마 야구왕〉 116쪽

ㅍ – 동요 〈퍼즐 조각〉 123쪽

ㅍ – 동요 〈퍼즐 조각〉 124쪽

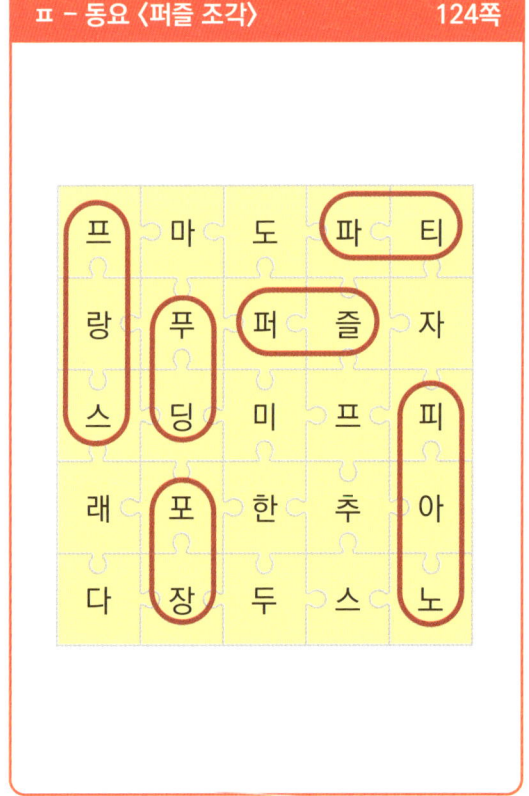

[자음편] 정답지

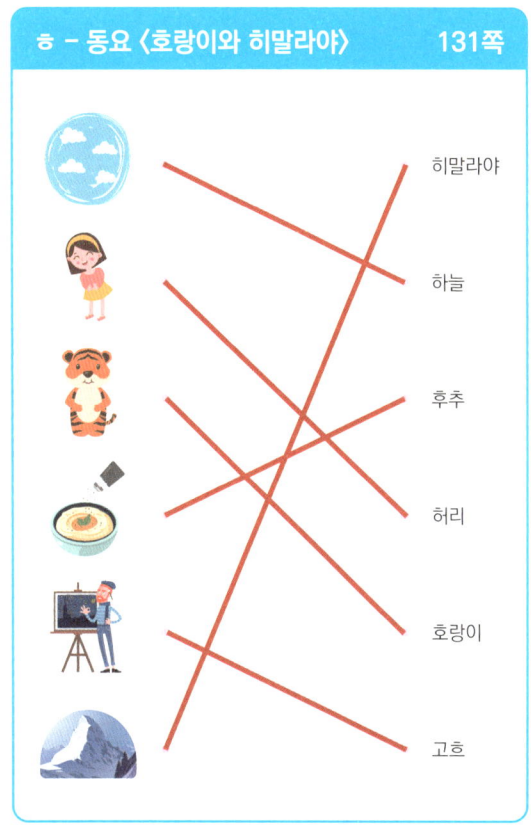

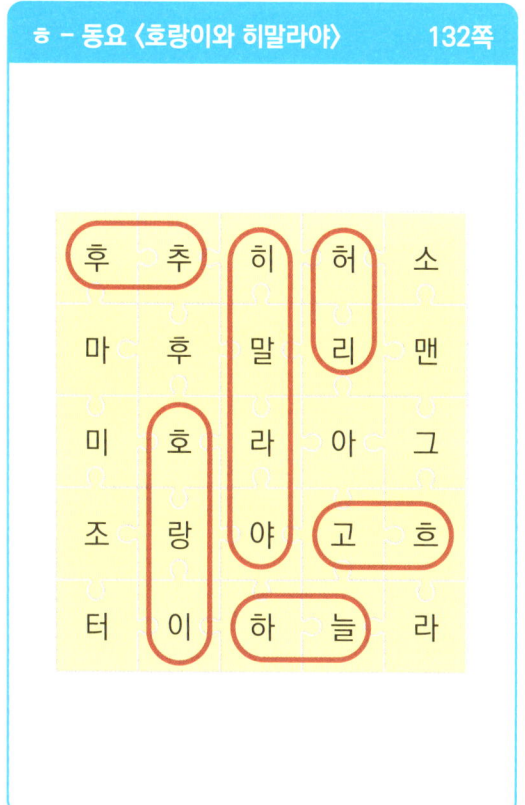

『한글왕 학교』 나도 읽기왕 : 예비편

초판 1쇄 발행 2024년 10월 9일

펴 낸 곳 ㈜애드밸
펴 낸 이 구혜은

디 자 인 김대궁
책임편집 임희진

주　　소 인천시 서구 가정로 288 3층
전화번호 0507-1351-0965
팩　　스 0504-375-0965
이 메 일 addval@naver.com

ⓒ 애드밸
ISBN 979-11-978447-5-1
값 20,000원

이 책은 저작권법에 따라 보호를 받는 저작물이므로 무단 전재와 복제를 금합니다.
책 내용의 일부 또는 전부를 이용하려면 반드시 저작권자와 ㈜애드밸의 동의를 받아야 합니다.

* 잘못된 책은 구입한 곳에서 바꾸어 드립니다.